PAIDEIA
ÉDUCATION

MOLIÈRE

Le Médecin volant

Analyse littéraire

© Paideia éducation.

1 rue Honoré - 93500 Pantin.

ISBN 978-2-7593-1610-6

Dépôt légal : Janvier 2023

Impression Books on Demand GmbH

In de Tarpen 42

22848 Norderstedt, Allemagne

SOMMAIRE

- Biographie de Molière 9

- Présentation du *Médecin volant* 13

- Résumé de la pièce 17

- Les raisons du succès 23

- Les thèmes principaux 29

- Étude du mouvement littéraire 35

- Dans la même collection 39

BIOGRAPHIE DE MOLIÈRE

De son vrai nom, Jean-Baptiste Poquelin, il est issu du milieu bourgeois. Il renonce en 1642 à la charge de tapissier de son père et s'associe à une famille de comédiens, les Béjart. Il fonde ainsi « L'Illustre théâtre ».

Il commence sa carrière d'acteur en jouant des tragédies de Corneille, et sa troupe montera les premières œuvres de Racine. Comme auteur, il s'intéresse d'abord au genre de la farce, très en vogue en France depuis la Renaissance. Plus tard, lorsqu'il écrit des comédies, il renouvelle d'abord le canevas de la farce en accentuant son caractère satirique. Il devient ensuite le maître de la comédie de caractère (*L'École des femmes*, *L'Avare*). Enfin, avec le musicien Lully, il invente pour les divertissements de Louis XIV la comédie-ballet (*Le Bourgeois gentilhomme*, *Le Malade imaginaire*).

Il est pris de malaise sur scène, lors de la représentation du 17 février 1673 du *Malade imaginaire* (il y joue le rôle d'Argan, le malade). Il meurt quelques heures plus tard à son domicile et est enterré dans la nuit. N'ayant pas renoncé par écrit ou devant un prêtre à sa profession de comédien, il ne recevra pas d'inhumation chrétienne.

PRÉSENTATION DU MÉDECIN VOLANT

Entre 1659 et 1664 la pièce fut jouée sur scène par la troupe de Molière, mais elle ne fut publiée pour la première fois qu'au XIXe siècle, soit bien après sa mort. En effet, le propre de ce type de théâtre, farcesque, c'est qu'il ne se lit pas, il se joue ! Les pièces ne sont d'ailleurs souvent que des canevas et la part belle est faite à l'improvisation des acteurs.

Le Médecin volant est une farce de celles que Molière écrit au début de sa carrière de dramaturge (tels *Gros-René écolier*, ou *La Jalousie du barbouillé*) et qui reprend plusieurs motifs inspirés de ses confrères italiens. Le titre *Médecin volant* est une traduction du *medico volante*, thème célèbre de la commedia dell'arte et qui constitue une farce dans laquelle un personnage est obligé de jouer l'ubiquité. Ce dernier devait traditionnellement passer du haut d'une maison au pas de la porte : à cet effet il était relié dans le dos à un système de poulie qui le faisait monter et descendre rapidement. On notera que ce thème, s'il n'est pas accessoirisé dans le texte, est néanmoins répercuté dans la pièce de Molière (voir scène XV).

Réputée vulgaire, la farce se fait peu à peu (et sous l'instigation de Richelieu) supplanter par la comédie au début du XVIIe siècle. Pourtant, Molière réussit avec cette pièce à fédérer à nouveau le public autour de ce genre oublié et à obtenir son assentiment : *Le Médecin volant* est un succès.

RÉSUMÉ DE LA PIÈCE

Scène I

Sabine (la cousine de Lucile) discute avec Valère des intentions du père de Lucile : il souhaite marier sa jeune fille à Villebrequin, un de ses amis très fortuné. Pour échapper à ce mariage forcé, la jeune femme feint la maladie. Sabine suggère à Valère de faire envoyer un faux médecin à son chevet afin de l'éloigner de la maison paternelle.

Scène II

Valère, sur les suggestions de Sabine, confie le rôle du médecin à son valet Sganarelle. Ce dernier refuse d'abord la mission puis accepte quand son maître lui fait miroiter la récompense de cent pistoles. Valère lui vend ensuite la facilité de la démarche, le vieux Gorgibus étant particulièrement crédule.

Scène III

Ce dernier demande à son valet (Gros-René), d'aller quérir un médecin au plus vite pour soigner sa fille. Il se désole de voir les noces retardées car il attendait le mariage pour festoyer et manger en conséquence.

Scène IV

Sabine présente Sganarelle (déguisé en médecin) à son oncle. Le valet fait merveilleusement illusion en citant Hippocrate et Galien, et convainc ainsi Gorgibus. Il demande ensuite à goûter l'urine de la malade et s'exécute devant le public et les acteurs en présence.

Scène V

Lucile se fait ausculter sur scène par Sganarelle qui la déclare malade. Après avoir avoué qu'il ne savait pas écrire et ne pouvait donc rédiger l'ordonnance, il prescrit à Lucile de se retirer à la campagne. Gorgibus suggère qu'elle s'installe au fond de leur jardin où ils ont des dépendances. Tous s'en vont au lieu-dit.

Scène VI

La scène VI est constituée d'un cours monologue de l'avocat expliquant sa présence : ayant appris que Lucile était malade, il se rend chez Gorgibus pour manifester son soutien à la famille.

Scène VII

Gorgibus ouvre à l'avocat et lui vante les mérites et l'érudition de Sganarelle, qu'il prend réellement pour un médecin et estime beaucoup.

Scène VIII

Sganarelle et l'avocat échangent quelques phrases en latin et se parlent en connaisseurs des sciences : tout ce qui émane du valet est pure invention mais l'avocat se montre très convaincu et se congratule d'avoir fait sa connaissance. Gorgibus propose de l'argent pour rétribution à Sganarelle ; ce dernier refuse verbalement mais prend tout de même la récompense.

Scène IX

Valère, qui s'inquiétait déjà dans la scène I que Sganarelle ne gâche tout à cause de sa maladresse, se morfond maintenant de ne pas être tenu au courant de la situation et craint que le valet n'ait pu accomplir sa mission.

Scène X

Sganarelle habillé en valet se présente devant Valère et lui confie avoir œuvré à la perfection : Lucile attend son jeune amant dans une des chambres du jardin, loin de la surveillance de son père. Tandis que Valère quitte la scène, entre Gorgibus.

Scène XI

Sganarelle fait croire à Gorgibus qu'il est le frère jumeau du fameux médecin dont il s'est entiché, mais que ce dernier l'a chassé de chez lui après une dispute qu'ils ont eue. Le valet prie Gorgibus de l'excuser auprès de son frère, ce que l'homme accepte immédiatement de faire, il promet de jouer les intermédiaires pour régler la situation.

Scène XII

Sganarelle quitte la scène puis revient habillé en médecin. Gorgibus le supplie à plusieurs reprises de pardonner à son frère ; Sganarelle finit par accepter et déclare qu'il le fait pour complaire à Gorgibus.

Scène XIII

Valère félicite Sganarelle (de nouveau vêtu de ses habits de valet) pour la réussite de leurs projets, puis part aussitôt en voyant arriver Gorgibus.

Scène XIV

Le vieil homme déclare à Sganarelle qu'il souhaite s'assurer que le médecin lui pardonne bien : pour ce faire, il veut le voir embrasser son frère. Il enferme Sganarelle (toujours habillé en valet) chez lui tandis qu'il part en quête du médecin. Sganarelle saute par la fenêtre et sort de scène.

Scène XV

Il revient habillé en médecin et se met sur le chemin de Gorgibus. S'ensuit une scène de duperie où Sganarelle répond tantôt de l'intérieur, tantôt de l'extérieur en passant par la fenêtre pour entrer et sortir tandis que Gorgibus reste sur le pas de la porte. Le valet montre un baiser de théâtre à la fenêtre en simulant le médecin grâce aux accessoires de son costume qu'il tient à bout de bras (la fraise et le chapeau). Gros-René, qui a vu le médecin entrer et sortir par la fenêtre, dénonce la supercherie à Gorgibus.

Scène XVI

Après les explications de Sganarelle, Gorgibus se trouve finalement bien heureux d'avoir été trompé et fait bon accueil à son nouveau gendre.

LES RAISONS
DU SUCCÈS

Une pièce dévolue à l'humour

Au moment de l'écriture de ses farces, Molière est inspiré par le théâtre italien et plus précisément par la commedia dell'arte. Il va leur emprunter des types de personnages de comédie déjà exploités dans les pièces et connus du public. Les valets de théâtre ont tous en commun le mensonge et la cupidité : rappelons à cet effet que Sganarelle refuse initialement la mission qui lui est confiée et ne l'accepte que « pour dix pistoles » (scène II). Le rôle des *zanni* est, de façon récurrente, celui d'aider les jeunes premiers (dits « les amoureux » dans la commedia dell'arte), ici Valère et Lucile, à la réalisation de leurs amours tout en trompant la vigilance du vieux barbon. La figure de ce dernier personnage désigne toujours un vieil homme : soit il est amoureux d'une femme bien plus jeune que lui, soit il est le père de celle qu'on cherche à marier contre sa volonté. Le barbon est incarné par le personnage de Pantalone dans la commedia dell'arte ; ici ce rôle revient à Gorgibus. Le personnage partage en effet avec le Pantalone italien toutes ses caractéristiques : il est vieux, crédule et a pour meilleur ami le médecin (du moins le croit-il).

Car l'intrigue de la commedia dell'arte, et donc celle des farces de Molière, s'articule autour de quiproquo et de *lazzi*. Si la farce, *a contrario* de la comédie, ne cherche ni à moraliser ni à instruire c'est qu'elle est entièrement livrée à l'humour : sa seule destinée est de faire rire le public par tous les moyens possibles. À cet effet, *Le Médecin volant* instaure d'emblée un rythme enlevé qui sera celui de toute la pièce. Cette vivacité peut être ressentie à l'analyse de la simplicité du découpage : un seul acte, seize scènes. Cette division promet donc une intrigue courte et efficace dans sa résolution. Les didascalies contextuelles sont d'ailleurs absentes, suggérant peu de changements de décor : tout se passe en l'occurrence, on le devine, sur le pas de la porte de Gorgibus. En outre, les actions s'enchaînent très rapidement et une seule scène suffit (la scène I) à poser en quelques lignes l'élément déclencheur de l'intrigue. Quant à la résolution de cette dernière, elle est proprement incohérente, mais très efficace, puisque le père de la jeune fille ne s'opposait initialement pas à ce qu'elle épouse un autre homme que Villebrequin : tout ceci encore une fois dans le but d'optimiser la rapidité du déroulement de l'action, même dans son dénouement.

En réalité, l'intrigue n'est qu'un prétexte, un incubateur de péripéties sur lesquelles greffer des éléments de bouffonnerie. Ainsi en va-t-il de la scène durant laquelle Sganarelle dupe Gorgibus en se faisant passer pour deux personnages différents, sautant tour à tour de l'intérieur à l'extérieur de la maison en calquant ses allées et venues sur celles du dupé, comme en témoigne la didascalie suivante : « *Gorgibus sort de sa maison par la porte, et Sganarelle par la fenêtre.* » (scène XV). Les nombreux changements de costume que doit effectuer Sganarelle constituent également un vecteur d'humour. Ils sont si rapides qu'ils en sont improbables, contraignant certainement l'acteur à se changer à moitié sur la scène, sous l'œil crédule de Gorgibus et le rire du public.

Une lecture incomplète de la farce

En effet, la pièce est un spectacle réjouissant pour les yeux qui observent les allées et venues rapides des personnages et se délectent du rythme. On notera à cet effet les différentes apparitions sur scène de Sganarelle qui semble toujours arriver *ex nihilo*, ou encore la didascalie qui devient comique de geste lorsqu'elle vient contredire les paroles du personnage : « Vous moquez-vous, Monsieur Gorgibus ? Je n'en prendrai pas, je ne suis pas un homme mercenaire. (*Il prend l'argent.*) » (scène VIII). Pièce donc que l'écriture/la lecture rend inapte, ou tout du moins, incapable. En témoignent d'ailleurs des insinuations écrites comme « etc. » (scène 3, 7 et 15) ou « etc. (galimatias) » (scène 3) invitant l'acteur à broder sur le texte initial. Molière suggère donc aux comédiens d'improviser selon leur humeur : cela permet de plaisanter sur un sujet à la mode, voire sur un événement qui vient de se produire ; toujours dans le but de faire rire le public. Ce sont ces motifs de jeu qui rendent la farce si vivante et si plaisante. C'est pourquoi il est vain d'en être le lecteur, il faut en être spectateur.

Rousseau, dans sa *Lettre à d'Alembert sur les spectacles* avait d'ailleurs bien saisi l'appétence du public pour l'action plus que pour l'éloquence : « Son plus grand soin est de tourner la bonté et la simplicité en ridicule, et de mettre la ruse et le mensonge du parti pour lequel on prend intérêt ; ses honnêtes gens ne sont que des gens qui parlent, ses vicieux sont des gens qui agissent et que les plus brillants succès favorisent le plus souvent ; enfin, l'honneur des applaudissements, rarement pour le plus estimable, est presque toujours pour le plus adroit. »

LES THÈMES
PRINCIPAUX

Une satire des médecins et des savants

Parmi les thématiques chères à Molière et aux farces à succès de cette époque, se trouve au premier rang la critique de la médecine et de ses praticiens. La figure du médecin est fréquente dans les pièces de l'auteur et toujours malmenée. Ici nous sommes servis par les nombreuses insinuations de Sganarelle qui rassure Gorgibus sur ses capacités à faire « aussi bien mourir une personne qu'aucun médecin qui soit dans la ville » (scène 2). Ou bien encore lorsqu'il met en garde la malade, qui ne peut « se laisser mourir sans l'ordonnance de la médecine » (scène IV). Ou encore le pléonasme que constitue son diagnostic et qui est la définition même de la maladie : « c'est une marque que vous ne vous portez pas bien » (scène V). Du reste, on notera que Gorgibus ne se montre que très peu surpris de se trouver en présence d'un médecin analphabète, suggérant ainsi que ce trait de caractère est le propre de bien des savants.

Mais cette satire tire tout son mordant de la scène mettant en miroir Sganarelle et le personnage de l'avocat (scène VIII), profession que Molière semble avoir également en assez basse estime. Les deux personnages échangent des généralités insipides (pour l'avocat) ou des billevesées dépourvues de sens (pour Sganarelle) ; aussi, à la citation des *Aphorismes* d'Hippocrate dont s'enorgueillit l'avocat, le valet répond : « *Ficile tantina pota baril cambustibus* » ; il s'agit là de latin de cuisine, intraduisible. De même s'exclamait-il dans une précédente scène selon l'expression de messe consacrée « *Per omnia sæcula sæculorum* » : du vrai latin cette fois certes, mais parfaitement hors de propos. Dans son essai sur *La Figure du pédant de Montaigne à Molière*, Jocelyn Royé analyse les différents mécanismes du personnage du pédant, et plus précisément cette scène VIII : l'auteur parle de ce jargon comme d'un « signe de reconnaissance entre pédants qui permet de mettre en œuvre un processus d'éloignement de celui qui fait appel à leurs services ». On constate en effet qu'au moment de l'échange entre Sganarelle et l'avocat, Gorgibus est mis à l'écart, cet éloignement suggérant la sottise du vieil homme, inapte à entendre des éruditions (qui n'en sont pourtant pas).

Ce fameux jargon est par ailleurs caricaturé par Sganarelle dans la scène IV lorsqu'il s'exclame tour à tour en arabe (« Salamalec » : que la paix soit avec toi), cite Corneille en français (« Rodrigue, as-tu du cœur ? »), pérore en italien (« signor, si ; signor no ») et finit par une bénédiction biblique. L'érudition passe donc également par la connaissance de plusieurs langues : l'usage de l'arabe faisant écho aux précédentes affirmations de Sabine qui décrit le médecin comme « [venant] des pays étrangers et qui sait les plus beaux secrets » (scène IV), l'orientalisme étant au XVIIe siècle un marqueur de mystères et de magie. En somme, Sganarelle prouve qu'un charlatan (lui-même) en vaut bien un autre (un médecin).

Éloge de la duperie

Si Sganarelle parvient à faire croire qu'il est un vrai médecin et maîtrise le parler latin, cela ne constituera pas sa seule duperie. En effet, le personnage n'est que faux-semblants et, pour un valet dit initialement « lourdaud » (scène I), il se révèle plutôt rusé. Il se sort à plusieurs reprises de situations délicates : il parvient notamment à éluder la question de son analphabétisme en doublant l'argument initial (« j'ai tant d'affaires dans la tête que j'oublie la moitié » (scène V)) d'une prescription médicale : « il seroit nécessaire que votre fille prît un peu l'air, qu'elle se divertît à la campagne » (scène V)) qui fait oublier à Gorgibus son étonnement.

Habile à capter la crédulité de ce dernier, Sganarelle ne s'arrête pas à ces quelques mensonges et réitère quelques scènes plus tard, quand celui-ci le surprend en habit de valet, se faisant passer pour le frère jumeau du médecin. De cette scène s'engage le jeu d'ubiquité qui se développera jusqu'à la scène finale pour trouver son apogée scène XV, point d'orgue de la pièce. Du reste, le valet n'est décidément pas si « lourdaud », il est même cultivé : en témoigne sa référence au mythe de Narcisse. Il donne en effet ce nom au personnage du frère du médecin qu'il incarne ; or, Narcisse est une figure de la mythologie grecque : un jeune homme tombant amoureux de son propre reflet dans l'eau ; analogie suggérant la ressemblance qui unit le médecin et son prétendu frère. Valère reverra d'ailleurs son jugement et affublera Sganarelle d'une nouvelle épithète, lui seyant bien mieux, « le roi des fourbes » (scène XIV).

Le corps et ses besoins

Mais enfin, ce qui fait le sel de la farce et provoque l'hilarité des spectateurs, ce sont les allusions au bas corporel. Thème que Molière n'a pas oublié d'introduire dans sa pièce, puisque Sganarelle, à peine arrivé dans la maison de Gorgibus, et avant même de se rendre au chevet de Lucile, demande à « voir de l'urine » (scène IV). Du reste, il fait plus que l'observer puisque comme « [il] [est] un médecin hors du commun, [il] l'avale » (scène IV). Non content de l'effet produit, Molière suggère que son personnage en apprécie le goût puisqu'il en redemande au prétexte qu'il « y en avoit trop peu pour asseoir un bon jugement » (scène IV). L'accent est mis sur cette scène avec le comique de répétition du mot « pisser », décliné sous plusieurs variantes injonctives : « Qu'on la fasse encore pisser. » ou « Faites-la pisser copieusement », de même que le substantif « pauvre pisseuse » et le néologisme « potion pissatrice » qui ne manqueront pas de ravir le public.

On notera également le caractère burlesque et héroï-comique de la scène puisque Sganarelle, dans sa parodie du médecin savant, ne résiste pas à le pervertir de la dernière des vulgarités : boire de l'urine. Qui plus est, cela est censé étayer son diagnostic et donc faire de lui un meilleur praticien. Cet ordre également, jeté par Gorgibus à Sabine, qui lui demande d'« alle[r] quérir », lexique particulièrement épique, complété de « l'urine de [s]a fille » (scène IV), joue avec les codes de l'épopée pour parler en réalité d'un sujet particulièrement trivial.

ÉTUDE DU MOUVEMENT LITTÉRAIRE

La farce et le théâtre de foire

Au Moyen Âge se développe le théâtre de foire mettant en scène des farces, où le comique est aussi efficace qu'il peut être grossier, sur de simples tréteaux, sur les champs de foire ou sur le Pont-Neuf à Paris. Les spectateurs retrouvent des personnages qu'ils connaissent appelés les « enfarinés » à cause de leur maquillage blanc clownesque : Turlupin est un valet rusé et acrobate tandis que Gros-Guillaume est le personnage balourd. Tous les deux trompent le troisième, Gaultier-Garguille, le maigre vieillard pédant. On présentera également Mondor et Tabarin qui forment un autre couple, celui du faux savant et du naïf un peu sot. Leurs saynètes grossières sont autant de satires de la médecine et des hommes, et sont inspirées de l'esprit des fabliaux médiévaux.

Ces derniers désignent un genre littéraire à la mode en France au XIIe et XIIIe siècle : ils constituent de courts contes de la vie quotidienne ayant une visée réaliste. « Je veux vous raconter une histoire véridique et je ne mentirai pas d'un mot » déclare l'un des auteurs. Les histoires contées reflètent les mœurs, les coutumes et les idéologies médiévales, elles tentent par là même d'insuffler une morale à leurs dénouements. Mais celle-ci se teinte toujours d'ambiguïté : là où la cupidité et l'ingratitude sont punies, le fabliau célèbre la ruse qui permet de vaincre les premiers. Ce trait caractéristique des valets triomphants de Molière est hérité de ce genre littéraire. De même que la thématique fréquente de l'argent (présente chez Molière dans *L'Avare*, *Le Tartuffe* ou encore *Le Bourgeois gentilhomme*), est très développée dans le fabliau car elle s'ancre dans une problématique contemporaine qui est celle d'une société féodale en pleine mutation, élaborant les prémices de la monarchie absolue qui creusent déjà des écarts importants de richesse.

Les prémices de la comédie

A contrario, à l'époque classique, un nouveau genre voit le jour et se veut le pendant raisonné de la farce. La comédie classique se défend d'être un pur divertissement. Elle se donne un but moral : être le miroir de la société et des défauts humains. Cette satire vise tous les milieux et comportements sociaux. Les farces portent en elles les germes de ce que sera la comédie classique et partagent d'ailleurs avec cette dernière leur structure narrative :

- des personnages ordinaires (de basse ou moyenne condition, les préoccupations du spectateur servant de référence) ;
- un conflit (mariage arrangé, père tyrannique, etc.) ;
- une fin heureuse (surtout pour les jeunes premiers).

Les comédies sérieuses de Molière ont pour protagoniste un personnage présentant un trait de caractère excessif : l'avarice, la misanthropie, l'hypocrisie... Le dramaturge met en valeur le ridicule, voire le vice du personnage par le biais du registre satirique. Pour exemple, dans *L'Avare*, Molière se moque du comportement d'Harpagon qui ne cesse de protéger sa cassette où reposent ses économies : le vice provoque des situations comiques. Par ailleurs, il arrive que le caractère d'un personnage soit moins risible et plus ambigu. Le spectateur ne se contente pas de rire mais réfléchit à sa propre condition. Dans *Le Misanthrope*, Alceste n'est pas risible : sa haine de l'humanité apparaît bien excessive mais le spectateur s'identifie parfois à lui lorsqu'il dénonce l'hypocrisie des relations mondaines.

DANS LA MÊME COLLECTION
(par ordre alphabétique)

- **Anonyme**, *La Farce de Maître Pathelin*
- **Anouilh**, *Antigone*
- **Aragon**, *Aurélien*
- **Aragon**, *Le Paysan de Paris*
- **Austen**, *Raison et Sentiments*
- **Balzac**, *Illusions perdues*
- **Balzac**, *La Femme de trente ans*
- **Balzac**, *Le Colonel Chabert*
- **Balzac**, *Le Lys dans la vallée*
- **Balzac**, *Le Père Goriot*
- **Barbey d'Aurevilly**, *L'Ensorcelée*
- **Barbey d'Aurevilly**, *Les Diaboliques*
- **Bataille**, *Ma mère*
- **Baudelaire**, *Les Fleurs du Mal*
- **Baudelaire**, *Petits poèmes en prose*
- **Beaumarchais**, *Le Barbier de Séville*
- **Beaumarchais**, *Le Mariage de Figaro*
- **Beauvoir**, *Mémoires d'une jeune fille rangée*
- **Beckett**, *Fin de partie*
- **Brecht**, *La Noce*
- **Brecht**, *La Résistible ascension d'Arturo Ui*
- **Brecht**, *Mère Courage et ses enfants*
- **Breton**, *Nadja*
- **Brontë**, *Jane Eyre*
- **Camus**, *L'Étranger*
- **Carroll**, *Alice au pays des merveilles*
- **Céline**, *Mort à crédit*
- **Céline**, *Voyage au bout de la nuit*

- **Chateaubriand**, *Atala*
- **Chateaubriand**, *René*
- **Chrétien de Troyes**, *Perceval*
- **Cocteau**, *Les Enfants terribles*
- **Colette**, *Le Blé en herbe*
- **Corneille**, *Le Cid*
- **Crébillon fils**, *Les Égarements du cœur et de l'esprit*
- **Defoe**, *Robinson Crusoé*
- **Dickens**, *Oliver Twist*
- **Du Bellay**, *Les Regrets*
- **Dumas**, *Henri III et sa cour*
- **Duras**, *L'Amant*
- **Duras**, *La Pluie d'été*
- **Duras**, *Un barrage contre le Pacifique*
- **Flaubert**, *Bouvard et Pécuchet*
- **Flaubert**, *L'Éducation sentimentale*
- **Flaubert**, *Madame Bovary*
- **Flaubert**, *Salammbô*
- **Gary**, *La Vie devant soi*
- **Giraudoux**, *Électre*
- **Giraudoux**, *La Guerre de Troie n'aura pas lieu*
- **Gogol**, *Le Mariage*
- **Homère**, *L'Odyssée*
- **Hugo**, *Hernani*
- **Hugo**, *Les Misérables*
- **Hugo**, *Notre-Dame de Paris*
- **Huxley**, *Le Meilleur des mondes*
- **Jaccottet**, *À la lumière d'hiver*
- **James**, *Une vie à Londres*
- **Jarry**, *Ubu roi*
- **Kafka**, *La Métamorphose*
- **Kerouac**, *Sur la route*
- **Kessel**, *Le Lion*

- **La Fayette**, *La Princesse de Clèves*
- **Le Clézio**, *Mondo et autres histoires*
- **Levi**, *Si c'est un homme*
- **London**, *Croc-Blanc*
- **London**, *L'Appel de la forêt*
- **Maupassant**, *Boule de suif*
- **Maupassant**, *Le Horla*
- **Maupassant**, *Une vie*
- **Molière**, *Amphitryon*
- **Molière**, *Dom Juan*
- **Molière**, *L'Avare*
- **Molière**, *Le Malade imaginaire*
- **Molière**, *Le Tartuffe*
- **Molière**, *Les Fourberies de Scapin*
- **Musset**, *Les Caprices de Marianne*
- **Musset**, *Lorenzaccio*
- **Musset**, *On ne badine pas avec l'amour*
- **Perec**, *La Disparition*
- **Perec**, *Les Choses*
- **Perrault**, *Contes*
- **Prévert**, *Paroles*
- **Prévost**, *Manon Lescaut*
- **Proust**, *À l'ombre des jeunes filles en fleurs*
- **Proust**, *Albertine disparue*
- **Proust**, *Du côté de chez Swann*
- **Proust**, *Le Côté de Guermantes*
- **Proust**, *Le Temps retrouvé*
- **Proust**, *Sodome et Gomorrhe*
- **Proust**, *Un amour de Swann*
- **Queneau**, *Exercices de style*
- **Quignard**, *Tous les matins du monde*
- **Rabelais**, *Gargantua*
- **Rabelais**, *Pantagruel*

- **Racine**, *Andromaque*
- **Racine**, *Bérénice*
- **Racine**, *Britannicus*
- **Racine**, *Phèdre*
- **Renard**, *Poil de carotte*
- **Rimbaud**, *Une saison en enfer*
- **Sagan**, *Bonjour tristesse*
- **Saint-Exupéry**, *Le Petit Prince*
- **Sarraute**, *Enfance*
- **Sarraute**, *Tropismes*
- **Sartre**, *Huis clos*
- **Sartre**, *La Nausée*
- **Senghor**, *La Belle histoire de Leuk-le-lièvre*
- **Shakespeare**, *Roméo et Juliette*
- **Steinbeck**, *Les Raisins de la colère*
- **Stendhal**, *La Chartreuse de Parme*
- **Stendhal**, *Le Rouge et le Noir*
- **Verlaine**, *Romances sans paroles*
- **Verne**, *Une ville flottante*
- **Verne**, *Voyage au centre de la Terre*
- **Vian**, *L'Arrache-cœur*
- **Vian**, *L'Écume des jours*
- **Voltaire**, *Candide*
- **Voltaire**, *Micromégas*
- **Zola**, *Au Bonheur des Dames*
- **Zola**, *Germinal*
- **Zola**, *L'Argent*
- **Zola**, *L'Assommoir*
- **Zola**, *La Bête humaine*
- **Zola**, *Nana*
- **Zola**, *Pot-Bouille*